MINHA DOCE FLAUTA DOCE

MÁRIO MASCARENHAS

MÉTODO

2º VOLUME

Nº Cat.: 301-M

Irmãos Vitale Editores Ltda.
vitale.com.br
Rua Raposo Tavares, 85   São Paulo   SP
CEP: 04704-110   editora@vitale.com.br   Tel.: 11 5081-9499

© Copyright 1977 by Irmãos Vitale Editores Ltda. - São Paulo - Rio de Janeiro - Brasil.
Todos os direitos autorais reservados para todos os países. *All rights reserved.*

PREFÁCIO

Ao atingir as últimas lições do 1.º Volume de «MINHA DOCE FLAUTA DOCE», o estudante já estará capacitado a executar peças de maior dificuldade.

Naquele volume, terá ele conhecido e empregado todas as Posições Germânicas e Barrocas, sem contudo desgastar-se com número demasiado de exercícios, pois bem sei que todo aluno é pleno de expectativas e por isso está sempre apressado. Daí, a singeleza dos exercícios do 1.º Volume, em número limitado e na forma cativante de canções, que certamente o irão incentivar.

Agora, neste volume, o aluno travará conhecimento com todas as Posições Auxiliares e com grande variedade de músicas, das mais belas e populares, que se prestam maravilhosamente à Flauta Doce.

É extraordinário o interesse que a Flauta Doce vem despertando em toda parte, não só entre aqueles que se empenham em aprendê-la, mas também nos professores de outros instrumentos e de Iniciação Musical, que a utilizam em suas horas de lazer e difundem-na aos seus alunos, igualmente para sua recreação.

Tal interesse se deve, sobretudo, às freqüentes apresentações de solistas e conjuntos, tanto em audições quanto no rádio e na televisão.

No entanto, a formação de conjuntos, que têm o salutar poder de unificar e elevar espiritualmente os participantes, vem sendo dificultada pela inexistência de partituras em duas ou três vozes. Essa lacuna será amplamente preenchida por este trabalho.

É um instrumento que, pelo seu pequeno porte, pode ser levado aonde quer que se vá. A suavidade de seu som empresta encantamento a todos os gêneros de música, desde a clássica até a popular, e particularmente à Barroca, hoje tão em moda.

A pequena e doce flauta, se vai ao campo, casa-se maravilhosamente com a natureza; mas se permanece no aconchego de nossos lares, dá-nos a sensação de extrema tranquilidade; e quando está entre amigos, alegra as reuniões e estreita mais os vínculos de amizade.

O som celestial da Flauta Doce transmite às pessoas e aos ambientes tão profunda Paz, que até nos faz sentir entre nós a presença de Deus.

MÁRIO MASCARENHAS

ORIENTAÇÕES

Para que o estudo de Flauta Doce seja bem agradável e interessante, apresentamos no início deste 2.º Volume, como motivação, uma série de músicas folclóricas brasileiras e estrangeiras, que nada mais são que **Exercícios em Forma de Canções.**

Após estas canções folclóricas, peças de maior dificuldade enriquecem este livro, as quais foram cuidadosamente selecionadas entre as que mais se adaptam à Flauta Doce.

As escalas que aparecem no final devem ser executadas desde o início e no decorrer deste volume, pois preparam o estudante não só para o conhecimento de todas as tonalidades maiores e menores e também para a sua própria agilidade.

Finalmente, apresentamos um quadro com todas as posições Germânicas, Barrocas e Posições Auxiliares mais usadas, para que o estudante possa recorrer a ele quando for necessário, dando-lhe, desse modo, a oportunidade de verificar e escolher quais as posições que mais se adaptam a cada nota do trecho a ser executado.

Todas as peças trazem a Cifragem, para que possam ser acompanhadas ao Piano ou Violão. Assim, fica mais fácil executá-las nos ensaios para Bandinha Rítmica, ficando a distribuição dos instrumentos de percussão a critério do professor.

ÍNDICE

Título	Pág.
A CANOA VIROU — Folclore Brasileiro	17
A CASINHA PEQUENINA — Folclore Brasileiro	16
ACH DU LIEBER AUGUSTIN — Canção Alemã	27
ANQUINHAS — Folclore Brasileiro	12
ATIREI O PAU NO GATO — Folclore Brasileiro	7
AU CLAIR DE LA LUNE — Folclore Francês	27
AVE MARIA — C. Gounod	54
AVE MARIA — Franz Schubert	56
BAMBALALÃO — Folclore Brasileiro	5
BERCEUSE — J. Brahms	49
CAN CAN — Jacques Offenbach	60
CAPELINHA DE MELÃO — Folclore Brasileiro	10
CAPRICHO ITALIANO — Folclore Italiano	43
CARNEIRINHO, CARNEIRÃO — Folclore Brasileiro	12
CIELITO LINDO — Canção Mexicana	39
DAIZY BELL — Canção Americana	42
ESCALAS MAIORES EM SUSTENIDO	80
ESCALAS MENORES EM SUSTENIDO	81
ESCALAS MAIORES EM BEMOL	82
ESCALAS MENORES EM BEMOL	83
ESCALA DE DÓ MAIOR EM 2 OITAVAS	84
ESCALA CROMÁTICA EM 2 OITAVAS	84
GLÓRIA, GLÓRIA, ALELUIA! — F. Bishop	31
GREENSLEEVES — Anônimo — Século XVIII	50
HOME ON THE RANGE — Folclore Americano	37
JESUS, ALEGRIA DOS HOMENS — J. S. Bach	59
LA GOLONDRINA — N. Serradel	44
LE BON ROI DAGOBERT — Folclore Francês	34
LONG, LONG, AGO — Folclore Americano	35
MARCHA NUPCIAL — F. Mendelssohn	30
MARCHA NUPCIAL — R. Wagner	30
MEDITAÇÃO — (Thaïs) — Jules Massenet	76
MINUETO N.º 3 — J. S. Bach	74
MINUETO N.º 20 — J. S. Bach	75
MUCAMA BONITA — Folclore Brasileiro	8
MY BONNIE — Folclore Americano	36
NA BAHIA TEM — Folclore Brasileiro	9
O LAGO DOS CISNES — P. Tchaikowsky	58
O MEU BOI MORREU — Folclore Brasileiro	14
O PIÃO — Folclore Brasileiro	8
O POBRE E O RICO — Folclore Brasileiro	11
O TREM DE FERRO — Folclore Brasileiro	7
OH! CIRANDA, CIRANDINHA — Folclore Brasileiro	9
OLD FRENCH SONG — P. Tchaikowsky	48
OLHOS NEGROS — Folclore Russo	28
ONDAS DO DANÚBIO — Ivan Ivanovici	46
ONDE ESTÁ A MARGARIDA? — Folclore Brasileiro	6
OS ESCRAVOS DE JOB — Folclore Brasileiro	11
PEIXE VIVO — Folclore Brasileiro	18
PÉZINHO — Folclore Brasileiro	23
PINHEIRINHO AGRESTE — (O Tannembaum) — Ernest Anschutz	26
PIROLITO — Folclore Brasileiro	5
POTPOURRIT — Folclore Brasileiro	24
PRENDA MINHA — Folclore Brasileiro	13
PRIMEIRO AMOR — Valsa — Pattapio Silva	77
QUADRO GERAL DAS POSIÇÕES	85
QUASE QUE EU PERCO O MEU BAÚ — Folclore Brasileiro	15
QUEM SABE — A. Carlos Gomes	62
RED RIVER VALLEY — Folclore Americano	38
REVE D'AMOUR — Franz Liszt	64
ROMANCE DE AMOR — Antonio Rovira	68
SANTA LUCIA — Canção Napolitana	29
SÃO JOÃO DARARÃO — Folclore Brasileiro	22
SAPO JURURÚ — Folclore Brasileiro	21
SAUDADE — Folclore Chinês	28
SE A PERPÉTUA CHEIRASSE — Folclore Brasileiro	10
SINFONIA N.º 40 — W. A. Wagner	72
SINHÁ MARRECA — Folclore Brasileiro	19
SUR LE PONT D'AVIGNON — Folclore Francês	33
SWEET GENEVIEVE — Folclore Americano	41
TARANTELA NAPOLITANA — Folclore Italiano	70
TICO-TICO NO FUBÁ — Choro — Zequinha Abreu	66
TRINADO	91
TRISTESSE — F. Chopin	52
TUTÚ MARAMBÁ — Folclore Brasileiro	20
VALSA DA DESPEDIDA — Robert Burns	40
VIENI SUL MAR (Oh! Minas Gerais!) — Canção	32
VIRA — Folclore Português	45

Bambalalão

Folclore Brasileiro

Pirolito

Folclore Brasileiro

2. Pirolito que bate, bate,
Pirolito que já bateu.
A menina que eu amava
Coitadinha, já morreu.

Onde está a Margarida?

Folclore Brasileiro

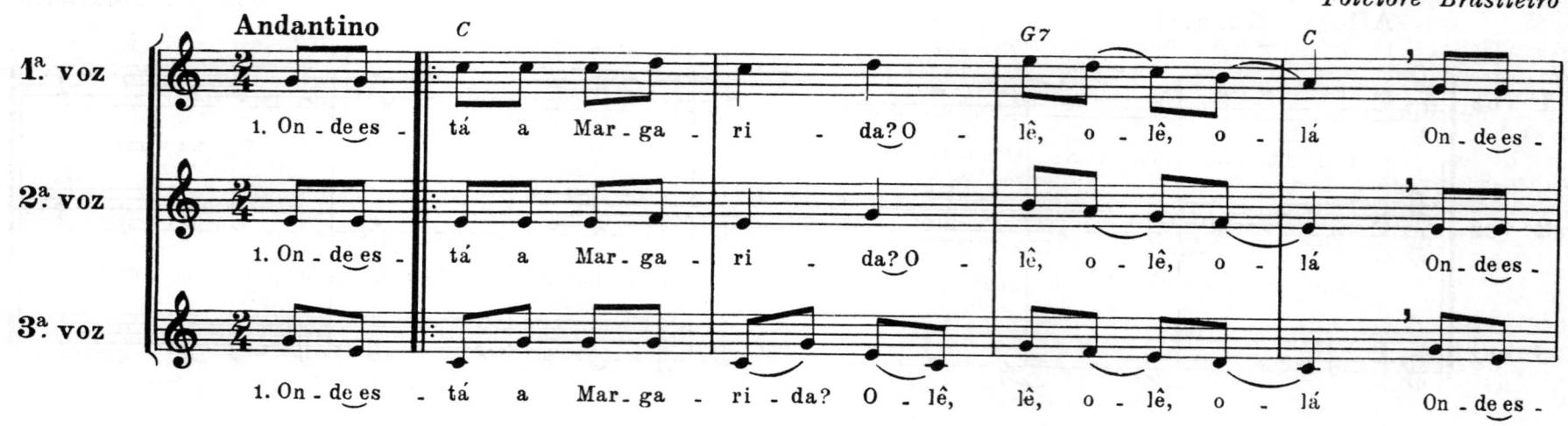

2. Ela está em seu castelo
   Olê, olê, olá.
   Ela está em seu castelo
   Olê, seus cavalheiros.

3. Eu queria ve-la
   Olê, olê, olá.
   Eu queria ve-la
   Olê, seus cavalheiros.

4. Tirando uma pedra
   Olê, olê, olá.
   Tirando uma pedra
   Olê, seus cavalheiros.

5. Apareceu a Margarida
   Olê, olê, olá.
   Apareceu a Margarida
   Olê, seus cavalheiros.

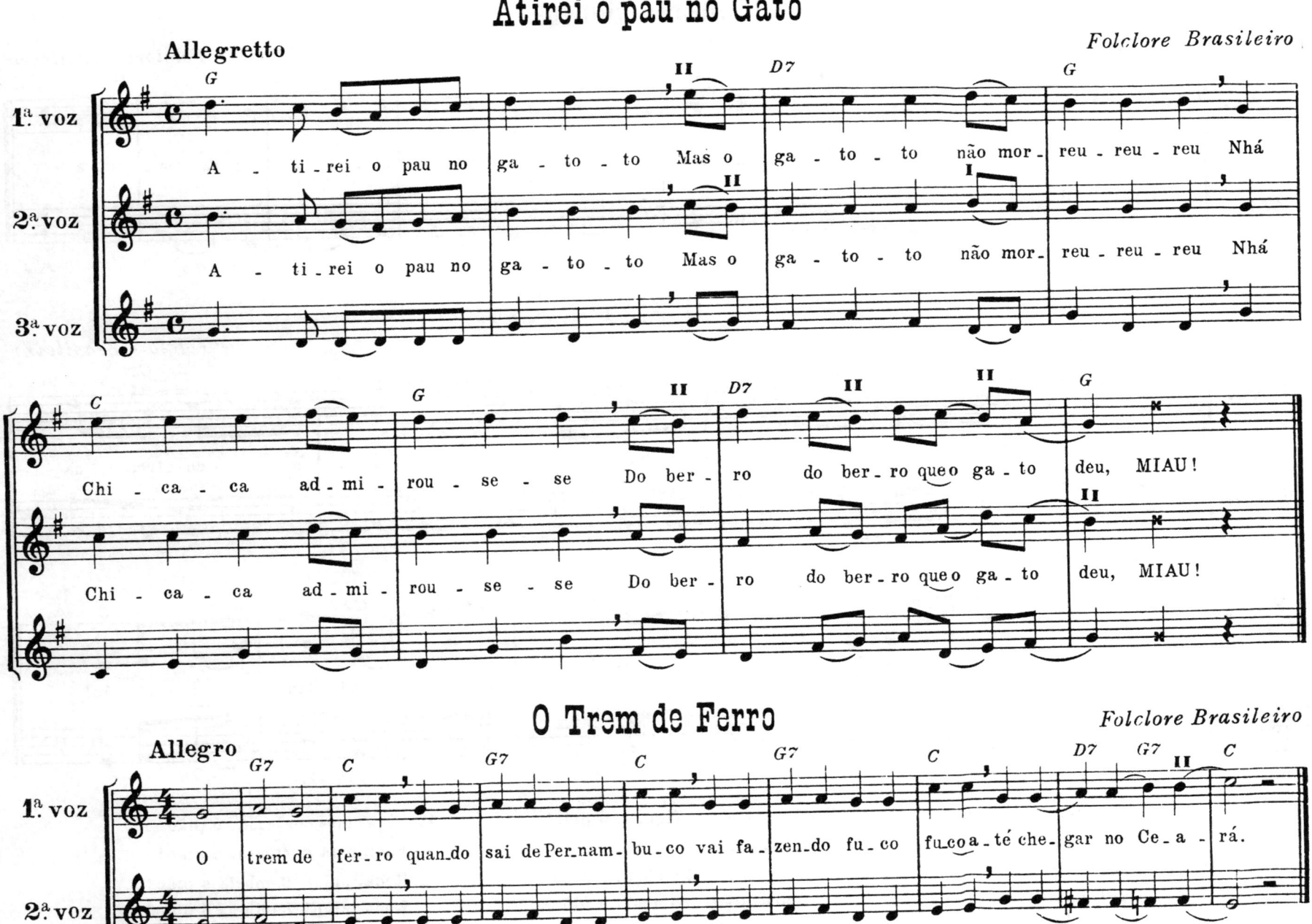

Mucama Bonita

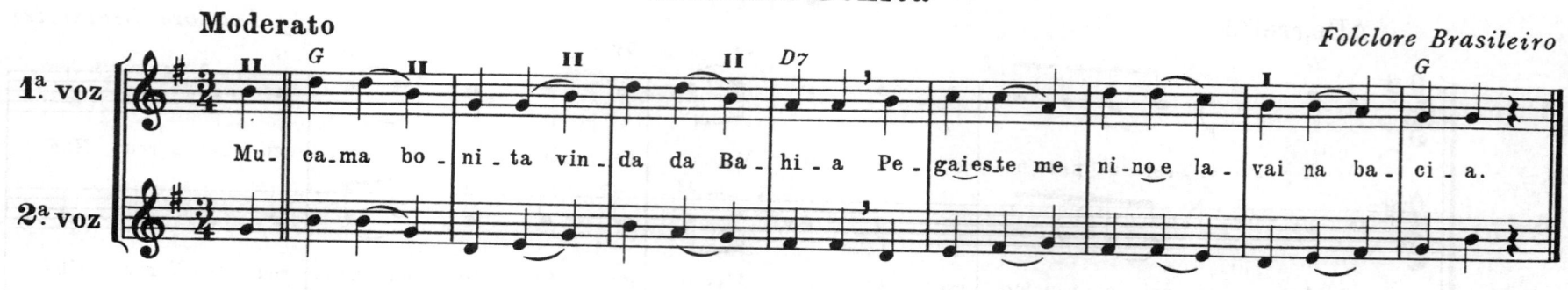

O Pião

2. Sapateia no terreiro, ó pião!
Sapateia no terreiro, ó pião!
Roda, pião! Bambeia ó pião!
Roda, pião! Bambeia ó pião!

3. Mostra a tua figura, ó pião!
Mostra a tua figura, ó pião!
Roda, pião! Bambeia ó pião!
Roda, pião! Bambeia ó pião!

4. Faça uma cortezia, ó pião!
Faça uma cortezia, ó pião!
Roda, pião! Bambeia ó pião!
Roda, pião! Bambeia ó pião!

Na Bahia tem

Folclore Brasileiro

Allegro

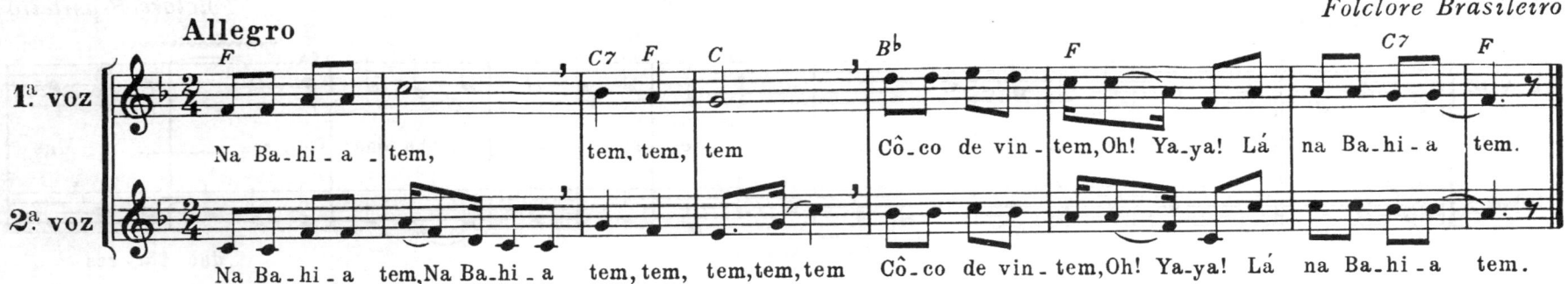

Oh! Ciranda, Cirandinha

Folclore Brasileiro

Andantino

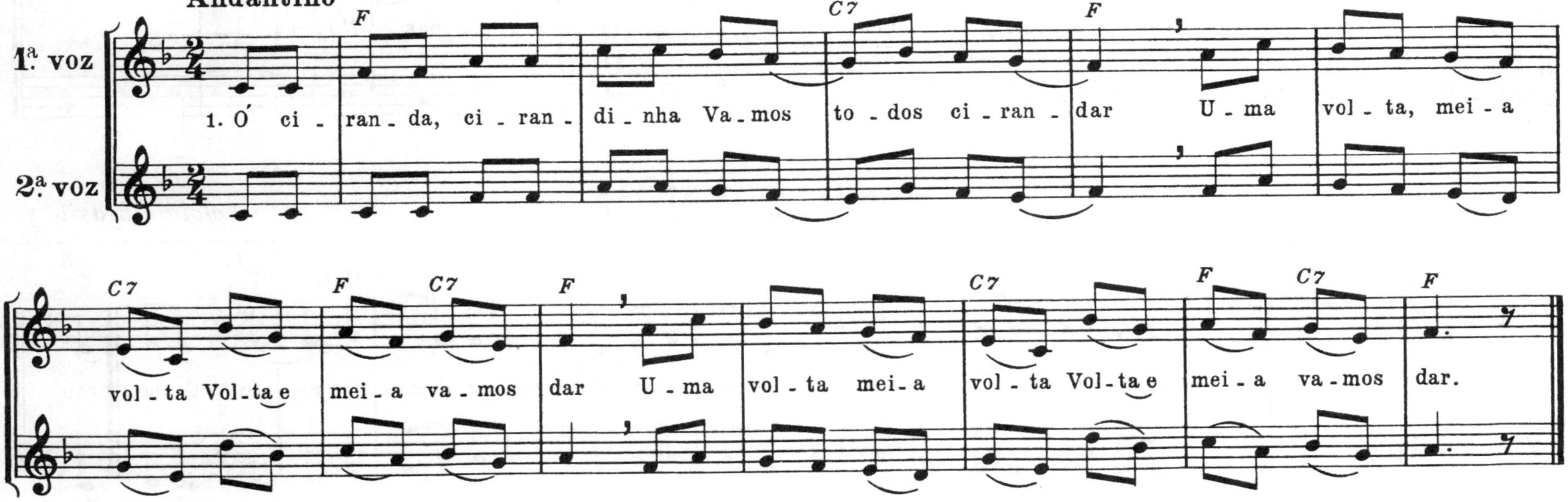

2. O anel que tu me deste
Era vidro e se quebrou
Bis { O amor que tu me tinhas
Era pouco e se acabou.

3. Ciranda, cirandinha,
Vamos todos cirandar.
Bis { Vamos ver Dona Maria,
Que já está p'ra se casar.

4. Por isso, Dona Maria,
Entre dentro desta roda,
Bis { Diga um verso bem bonito,
Diga adeus e vá-se embora.

Se a Perpétua cheirasse

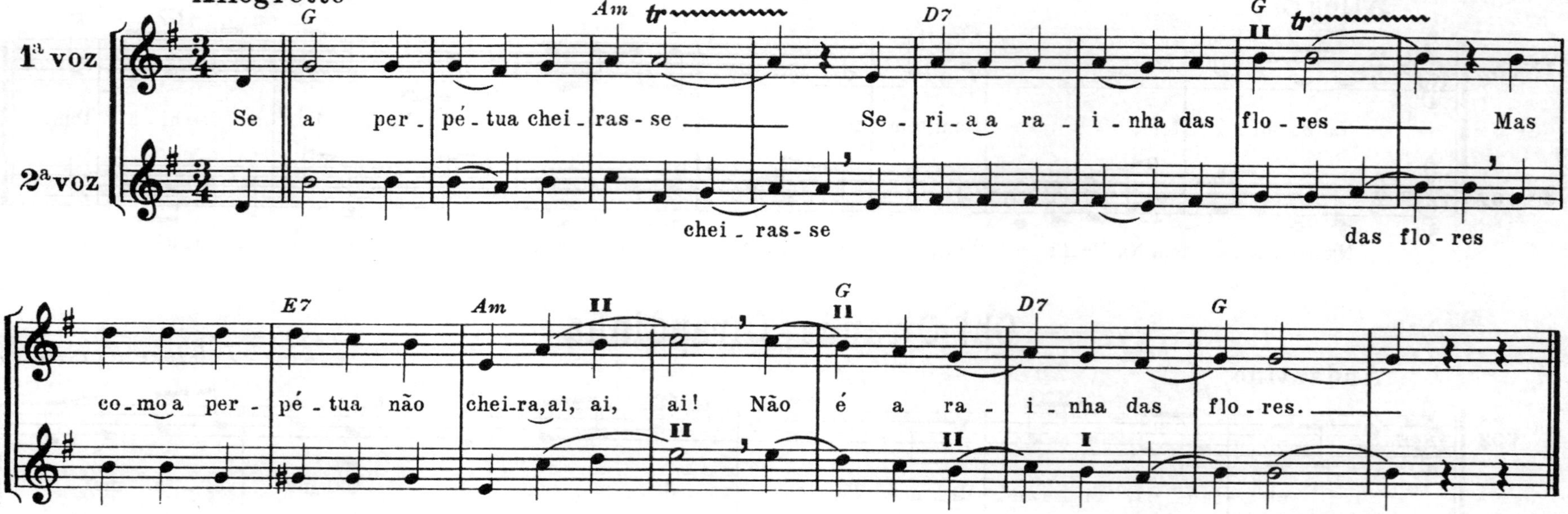

Capelinha de Melão

1. Capelinha de melão
   É de São João
   É de cravo, é de rosa
   É de mangericão.

2. São João está dormindo
   Não me ouve, não.
   Acordai, acordai,
   Acordai, João.

Os escravos de Job

O Pobre e o Rico

2. Eu sou rico, rico, rico
   De marré, marré, marré
   Eu sou rico, rico, rico
   De marré de ci.

3. Dê-me uma de vossas filhas,
   De marré, marré, marré
   Dê-me uma de vossas filhas,
   De marré de ci.

4. Escolhei a que quiser
   De marré, marré, marré
   Escolhei a que quiser
   De marré de ci.

Prenda Minha

Folclore Brasileiro

O meu boi morreu

1. O meu boi morreu;
   Que será de mim?
   Mande buscar outro, Morena,
   Lá no Piauí.

2. O meu boi morreu;
   Que será da vaca?
   Pinga com limão, Morena,
   Cura urucubaca.

Quase que eu perco o meu baú

Folclore Brasileiro

2. Quando eu cheguei na ponte, cheguei na ponte
   Perguntei quem me salvou, quem me salvou
   Respondeu o reservante, o reservante
   Foi quem lhe desembarcou, desembarcou.
   Feliz Mamãe, tenha compaixão
   De sua filhinha, do seu doce coração.

A casinha pequenina

Canção Brasileira

Estas peças podem ser tocadas também por 2 ou 3 violões na íntegra (2 e 3 vozes), bastando apenas dedilhá-las, se necessário, para principiante.

Mais um violão poderá ainda ser incluido, acompanhando com a cifragem anotada em todas as peças.

A canoa virou

Folclore Brasileiro

Peixe Vivo

Folclore Brasileiro

Sinhá Marreca

2.
Bis { A velha saiu da Igreja
Com seu samburá na mão.
Bis { Chorando porque não tinha
Nem padre, nem sacristão

3.
Bis { Lá vem seu Chiquinho
Dançando seu miudinho.
Bis { Ele dança, ele pula
Ele faz requebradinho.

Tutú Marambá

Folclore Brasileiro

Sapo Jururú

Folclore Brasileiro

São João Da-ra-rão

2. Maria, tu vais «casares»,
Eu vou te «dares»
Os parabens.
Vou te «dares» uma prenda,
Saia de renda
E dois vinténs.

Pezinho

Folclore Brasileiro

Potpourrit Folclórico

Folclore Brasileiro

Quebra, quebra Gabiroba

Samba Lêlê

Pinheirinho Agreste
(O TANNENBAUM)

Música de ERNEST ANSCHUTZ
Letra de MÁRIO MASCARENHAS

1. O Tannenbaum, O Tannenbaum!
   Wie treu sind deine Blätter!
   Du grunst nicht nur zur Sommerzeit
   Nein, auch im Winter, wenn es schneit,
   O Tannenbaum, O Tannenbaum!
   Wie treu sind deine Blätter!

2. O Tannenbaum, O Tannenbaum!
   Du kannst mir sehr gefallen!
   Wie oft hat nicht zur Weihnachtszeit
   Ein Baum von dir mich hoch erfreut!
   O Tannenbaum, O Tannenbaum!
   Du kannst mir sehr gefallen!

3. O Tannenbaum, O Tannanbaum!
   Dein Kleid will mir was lehren:
   Die Hoffnung und Bestandigkeit
   Giebet Trost und Kraft zu jeder Zeit!
   O Tannenbaum, O Tannanbaum!
   Dein Kleid will mir was lehren.

Saudade
Folclore Chinês

Olhos Negros
Folclore Russo

Santa Lucia

Canção Napolitana

Marcha Nupcial

Allegretto

F. MENDELSONN

Marcha Nupcial

(Da Opera Lohengrin)

Allegretto

R. WAGNER

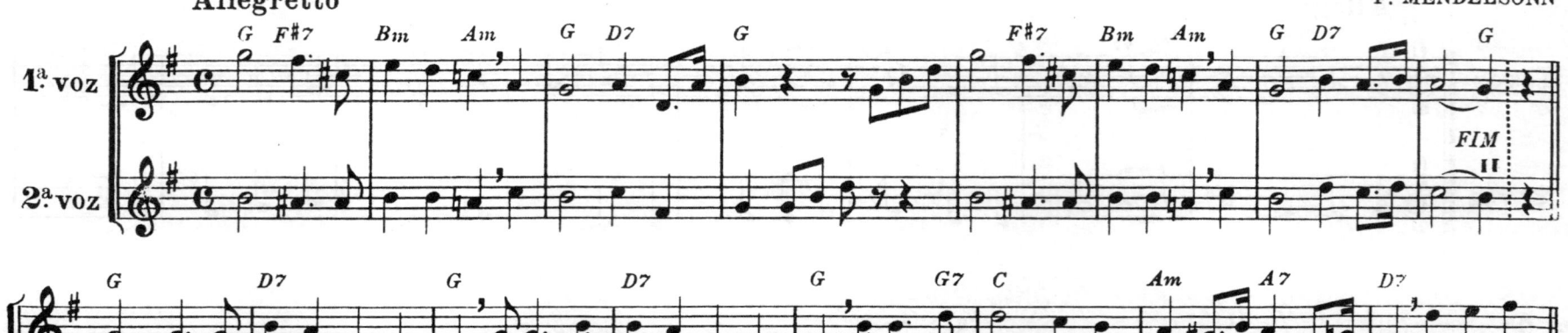

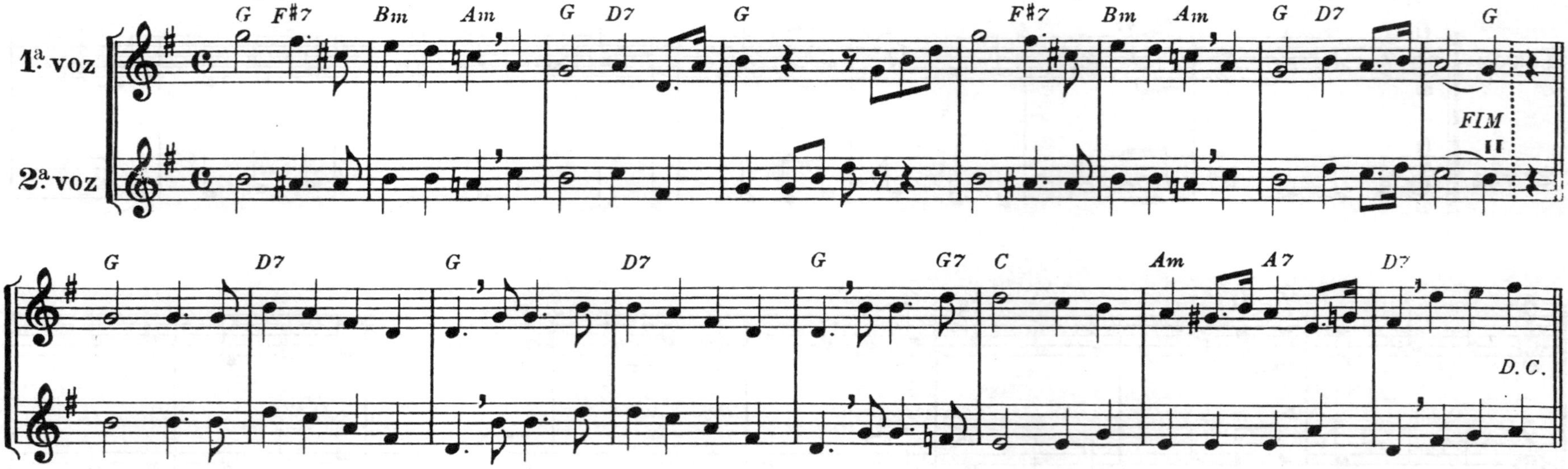

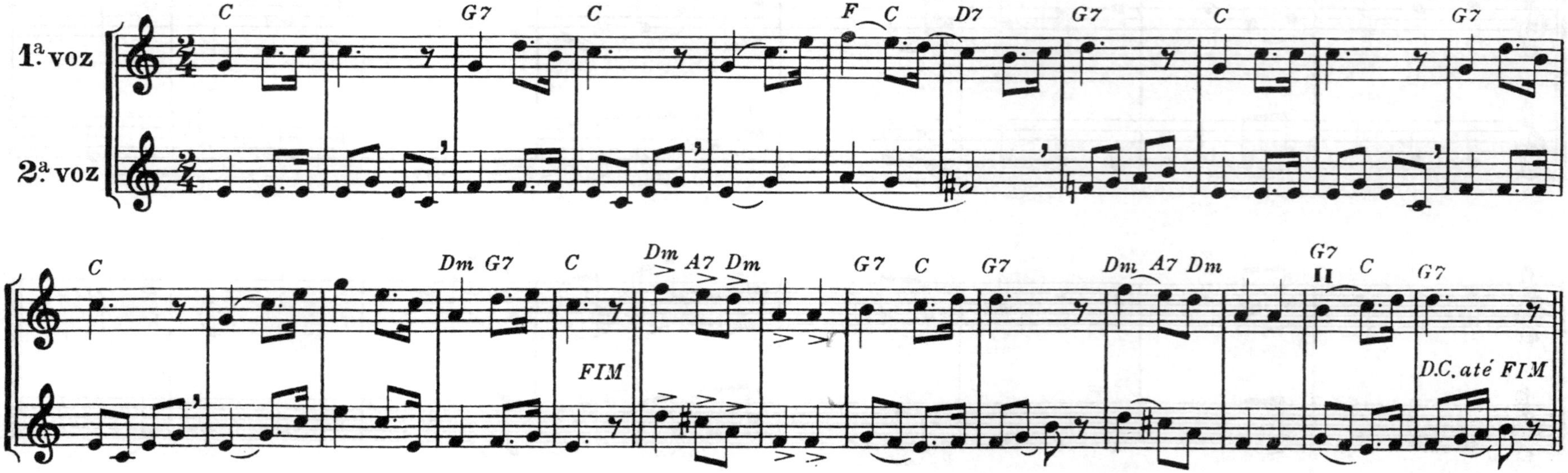

Glória! Glória! Aleluia!
(Battle Hymn Of the Republic)

F. BISHOP

Aconselhamos aos executantes observarem com muita atenção as vírgulas (,) para a respiração, fator importante para uma perfeita afinação.

Observe cuidadosamente a dinâmica, a fim de que a peça seja enriquecida com suas nuances.

Caso o estudante encontre dificuldade na execução de uma nota para outra, deverá consultar o «QUADRO DAS POSIÇÕES», para que encontre a posição que mais facilite a passagem entre estas duas notas.

Muitas vezes uma posição mal escolhida não permite uma ligação perfeita entre dois sons, causando uma pequena interrupção ou quebra de sonoridade. Este obstáculo será vencido prontamente com a escolha das duas posições que mais se adaptam uma com a outra, o que facilita também o dedilhado, tornando a execução perfeita e a sonoridade aprimorada.

Vieni Sul Mar
(Oh! Minas Gerais)

Canção Italiana

PEQUENOS CONJUNTOS

As peças em 2 ou 3 vozes contidas neste livro, proporcionam a formação de pequenos conjuntos. As flautas poderão fazer os duetos e trios e o acompanhamento por piano ou violão pelas cifras.

Na repetição de uma peça, seria oportuno se um violino executasse o solo. A bateria deverá acompanhar suavemente para que sobresaia o solo das flautas. Dois violões poderão fazer o dueto e outro violão os acompanhará pelas cifras. Também um pequeno coral seria interessante, cantando as peças que trazem letras, em 2 ou 3 vozes.

Enfim, o professor terá, com estas adaptações de «Minha Doce Flauta Doce», um imenso campo para idealizar diversas combinações.

Instrumentos de percussão serão usados com sucesso, enriquecendo o conjunto, tornando assim, o estudo da Flauta Doce muito mais agradável.

Sur le Pont D'Avignon

Folclore Francês

Le bon roi Dagobert

Folclore Francès

2. Le bon roi Dagobert,
   Avait un grand sabre de fer.
   Le grand saint Eloi
   Lui dit: « O mon roi!
   Votre Majesté
   Pourrait se blesser.
   — C'est vrai, lui dit le roi,
   Qu'on me donne un sabre de bois.»

3. Le bon roi Dagobert,
   Sa battait à tort, à travers
   Le grand saint Eloi
   Lui dit: « O mon roi!
   Votre Majesté
   Se fera tuer.
   — C'est vrai, lui dit le roi,
   Mets-toi bien vite devant moi.»

4. Quand Dagobert mourut,
   Le diable aussitôt accourut.
   Le grand saint Eloi
   Lui dit: « O mon roi!
   Satan va passer,
   Faut vous confesser.
   — Helás! dit le bon roi,
   Ne pourrais-tu mourir pour moi.»

Long, long ago

Cantabile, Larghetto
Folclore Americano

Tell me the tales that to me were so dear Long, long ago, Long, long ago
Sing me the songs I delighted to hear, Long, long ago, Long ago
Now you are come, all my grief is removed Let me forget that so long you have roved;
Let me believe that you love as you loved Long, long ago, long ago

My Bonnie

Allegretto
Folclore Americano

Home on the Range

Folclore Americano

Allegretto

1ª voz / 2ª voz

Oh! give me a home where the buf-fa-lo roam, Where the deer and the an-te-lope play. Where seldom is heard a dis-cour-ag-ing word, And the skies are not cloud-y all day.

Home, home on the range, Where the deer and the an-te-lope play. Where seldom is heard a dis-cour-ag-ing word, And the skies are not cloud-y all day.

Red River Valley
(O Vale do Rio Vermelho)

Folclore Americano

Cielito Lindo

Canção Mexicana

Valsa da Despedida

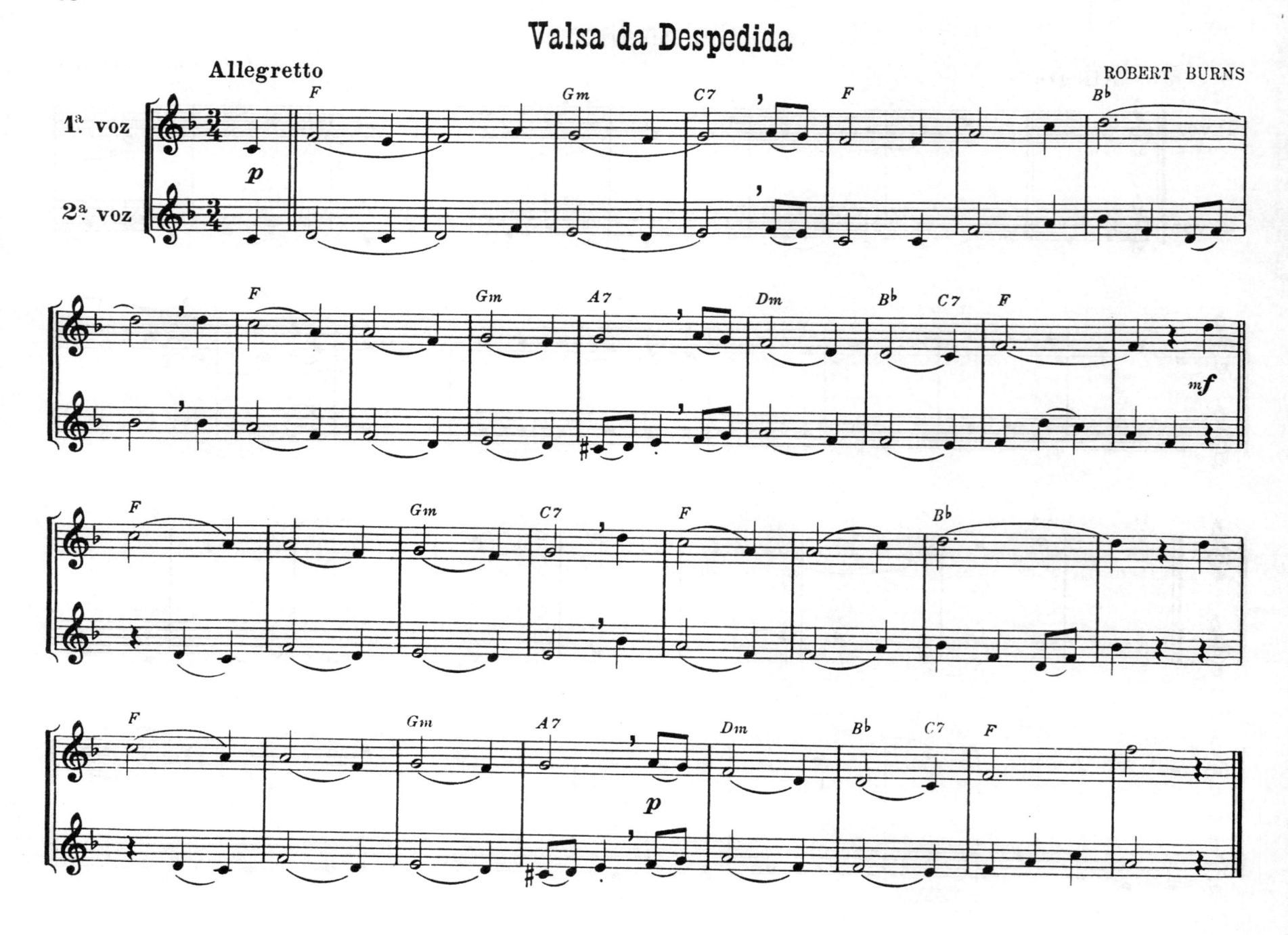

Allegretto

ROBERT BURNS

Sweet Genevieve

Andante

Folclore Americano

Daizy Bell
(Bicicleta para Dois)

Canção Americana

Allegretto

Dai - zy, Dai - zy, Give me your an - swer do __ I'm half cra - zy All for the love of you. __ It won't be a styl - ish mar - riage __ I can't af - fort a car - riage __ But you look sweet on a seat of a bi - ci - cle built for two. __

(2ª voz: a styl __ ish mar - riage)

Capricho Italiano

Folclore Italiano

Allegro

La Golondrina

N. SERRADEL

Vira

Folclore Português

Allegro

Ondas do Danubio
VALSA

IVAN IVANOVICI

Trinado imitando o canto dos pássaros

Trinado imitando o canto dos pássaros

Old French Song
(Antiga Canção Francesa)

P. TCHAIKOWSKY

Berceuse

J. BRAHMS

Estudos para prática das notas acidentadas

Greensleeves
Música Barroca

Anônimo SECULO XVIII

Estudos para prática das notas acidentadas

Tristesse
(Tristeza)

F. CHOPIN

Estudos para prática das notas acidentadas

Ave Maria

C. GOUNOD

55

Ave Maria

FRANZ SCHUBERT

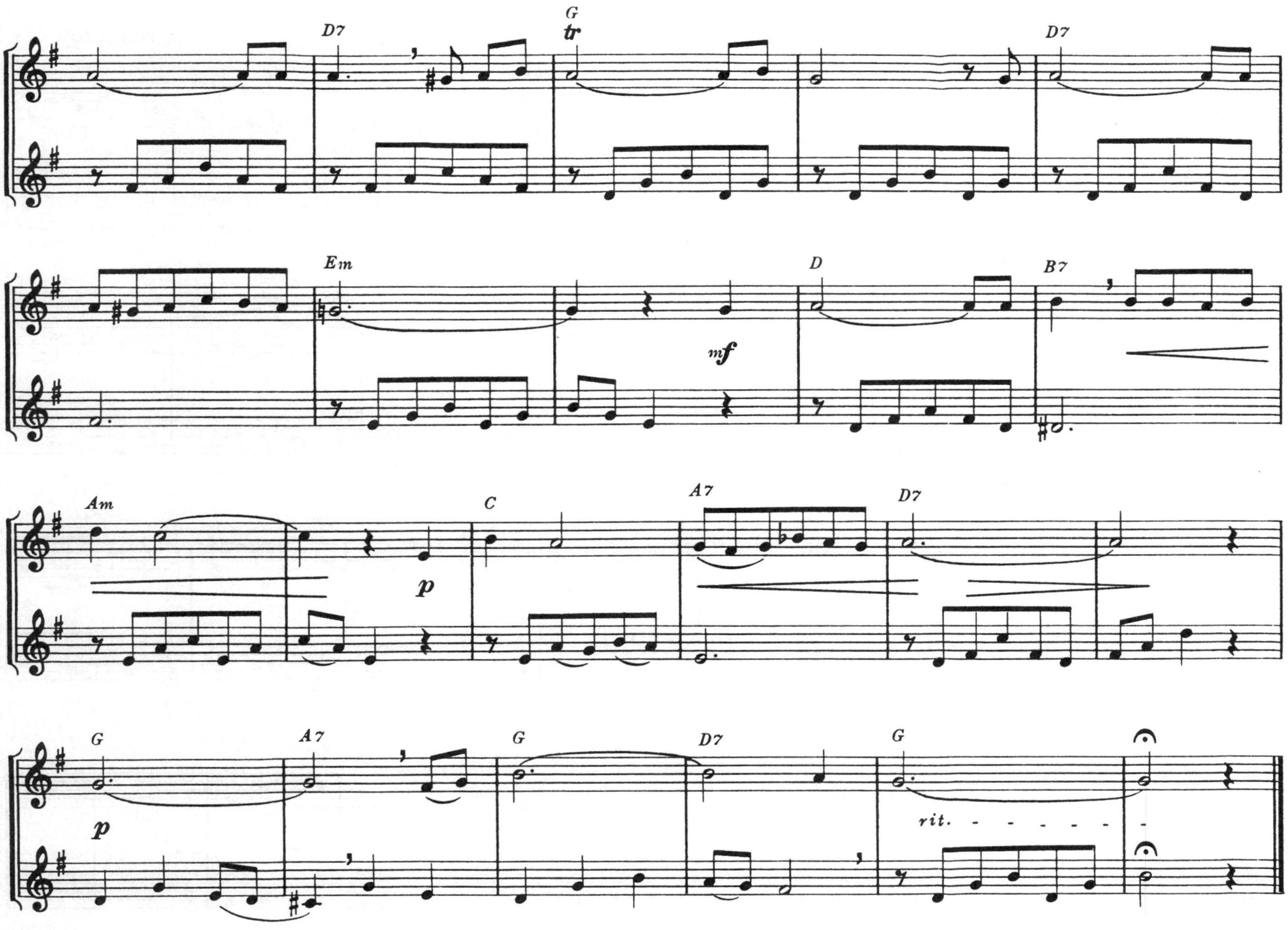
D7
G
tr
D7
Em
D
B7
mf
Am
C
A7
D7
p
G
A7
G
D7
G
p
rit. - - - - - - -

O Lago dos Cisnes

P. TCHAIKOWSKY

Jesus, Alegria dos Homens

J. S. BACH

Can-Can

JACQUES OFFENBACH

61

Quem Sabe

A. CARLOS GOMES

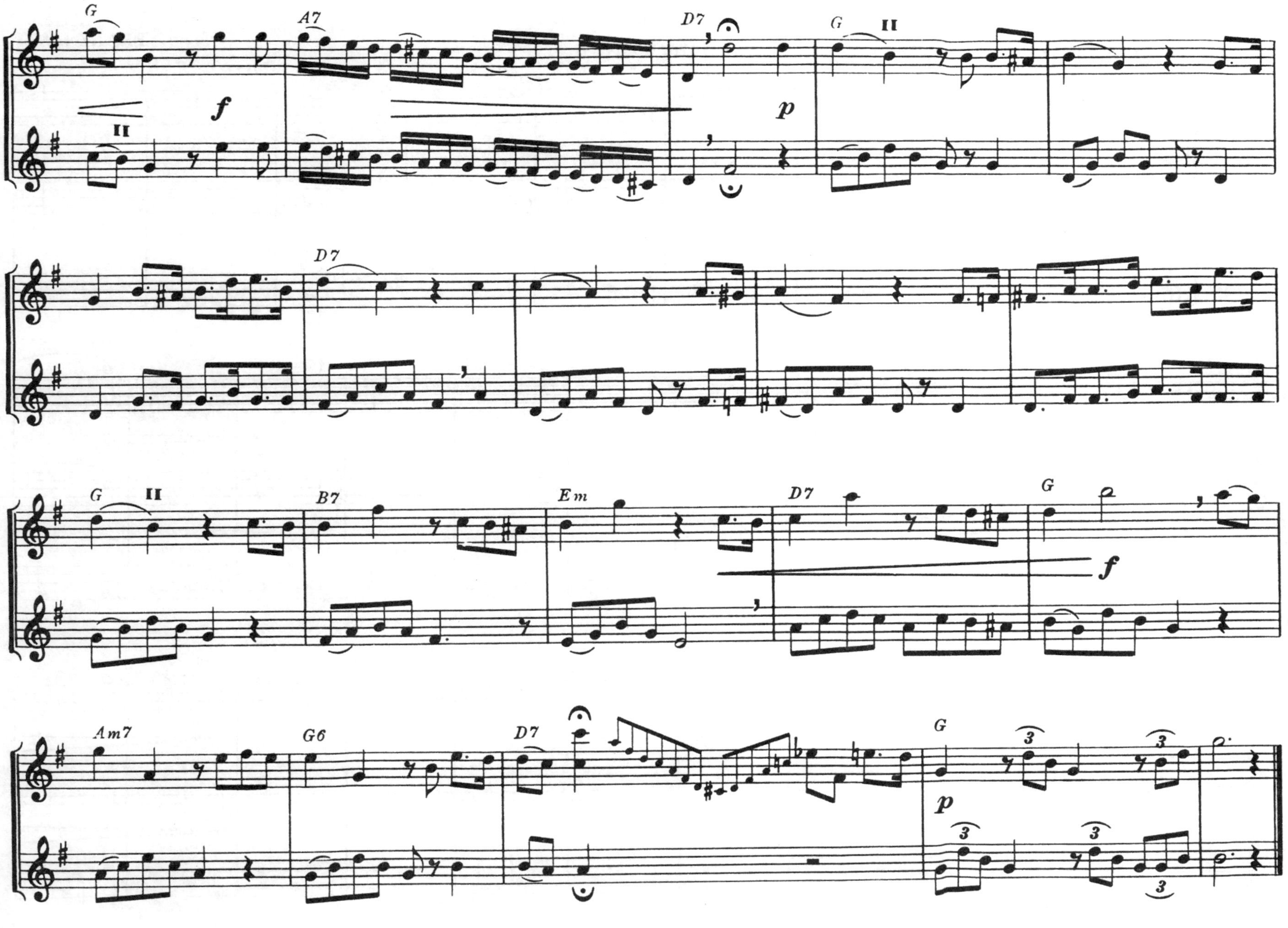
G
A7
D7
G
II
f
p
II
D7
G
II
B7
Em
D7
G
f
Am7
G6
D7
G
p

Rêve D'Amour
(Sonho de Amor)
Noturno Nº 3

FRANZ LISZT

E
C♯m
A♭
Fm
G
Fm
f
f
G
Fm
G
Fm
G7
rall.
p
C
a tempo
p a tempo
E7
A7
D7
G7
C
f
f
rall. - -
rall. - -

Tico Tico no Fubá

Chorinho Sapeca

ZEQUINHA ABREU

67

Romance de Amor

Moderato

ANTONIO ROVIRA

69

Tarantela Napolitana

Folclore Italiano

71

Sinfonia nº 40
K 550

W. A. MOZART

73

Minueto
N.º 3

Moderato

J. S. BACH

Procure no Quadro Geral, uma posição auxiliar do SI♭ que mais facilite a execução.

Minueto
Nº 20

Allegretto

J. S. BACH

Meditação
(De Thaïs)

JULES MASSENET

Procure no Quadro Geral, uma posição auxiliar do SI♭ que mais facilite a execução.

Primeiro Amor

Valsa Opus 4

PATTAPIO SILVA

78

79

Escalas Maiores em Sustenidos

DÓ Maior

SOL Maior

RÉ Maior

LÁ Maior

MI Maior

SI Maior

FÁ # Maior

DÓ # Maior

Arpejo

Escalas Menores em Sustenidos (Relativas)

Escalas Maiores em Bemois

FÁ Maior   Arpejo

SI♭ Maior

MI♭ Maior

LÁ♭ Maior

RÉ♭ Maior

SOL♭ Maior

DÓ♭ Maior

Escalas Menores em Bemois (Relativas)

Escala de DÓ Maior em 2 Oitavas

Arpejo de DÓ Maior em 2 Oitavas

Escala Cromática em 2 Oitavas

Todas as posições das notas da ESCALA CROMÁTICA encontram-se no QUADRO GERAL DAS POSIÇÕES, que inicia na pagina ao lado.

QUADRO GERAL DAS POSIÇÕES
POSIÇÕES GERMÂNICAS, BARROCAS E AUXILIARES

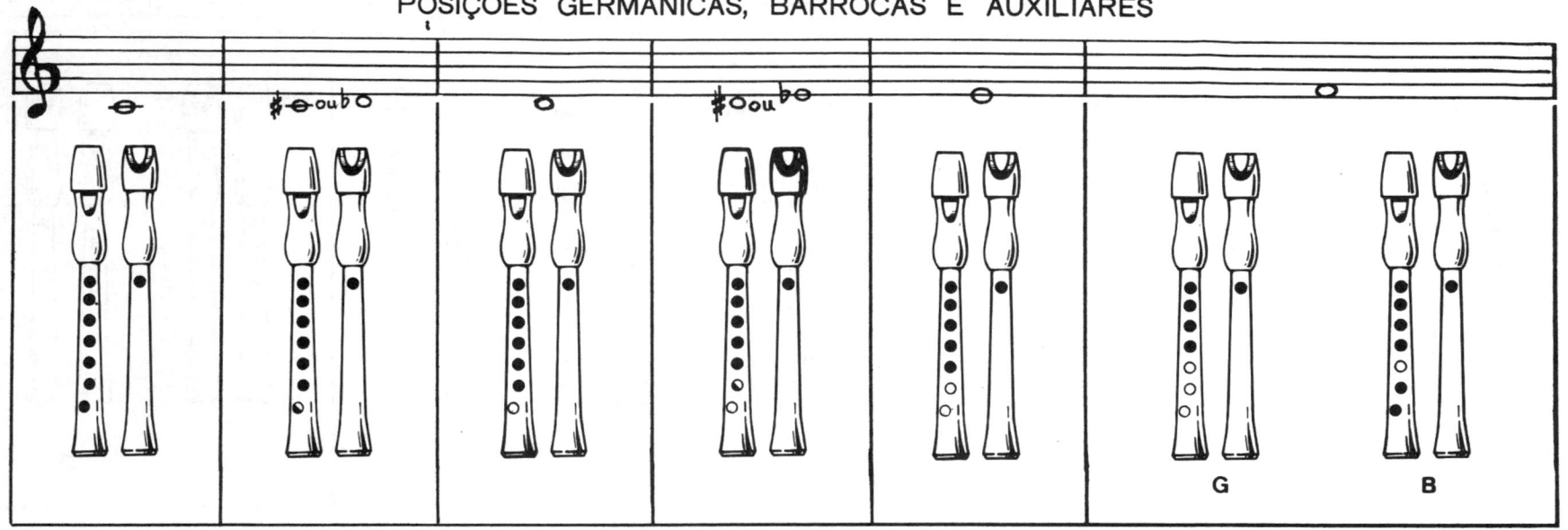

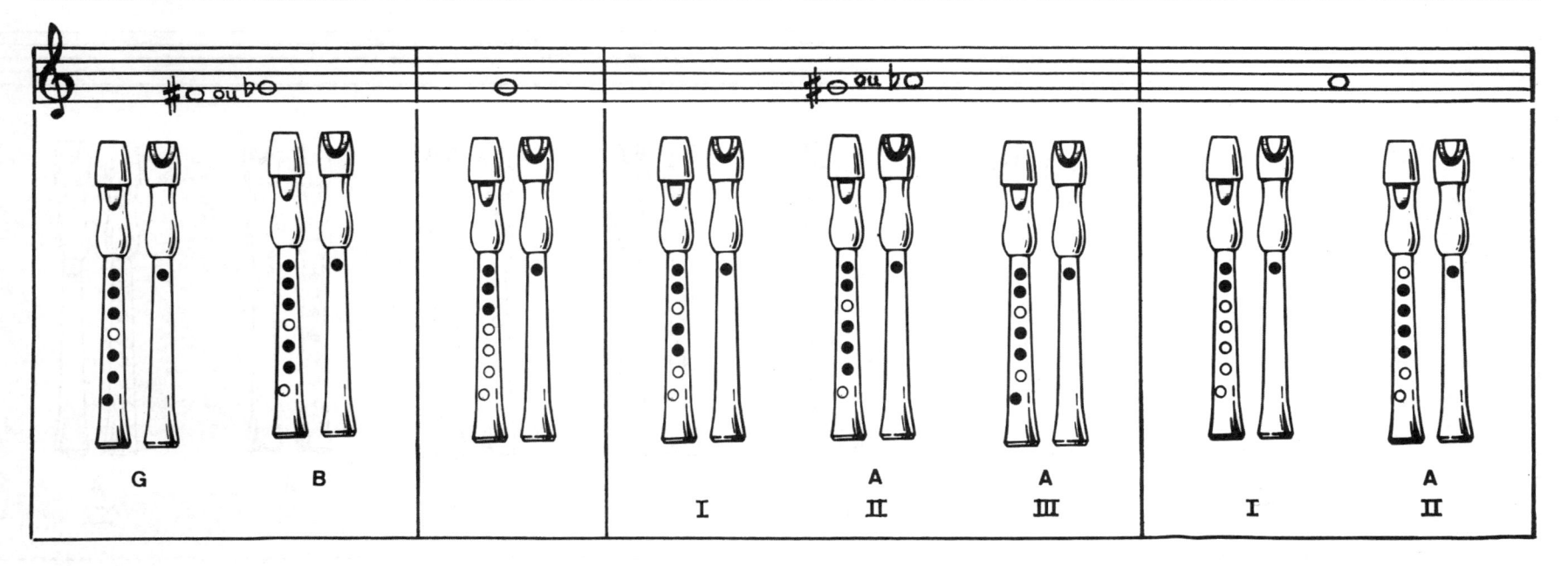

86

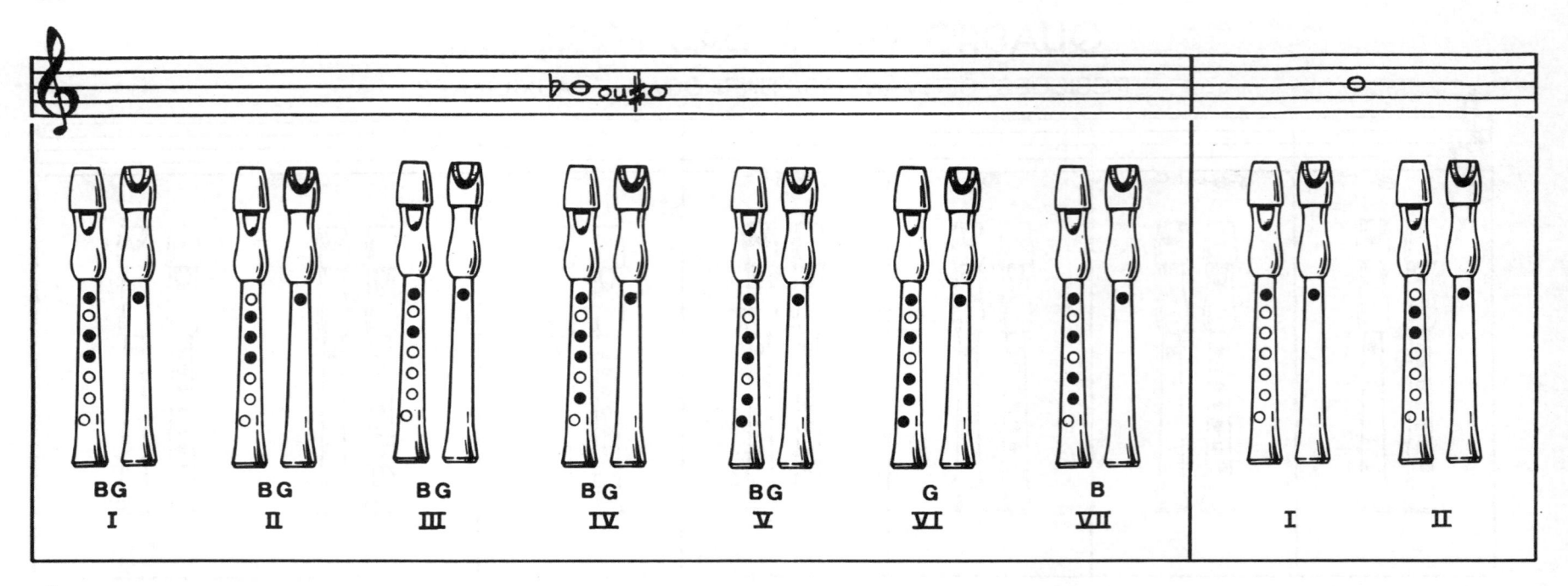

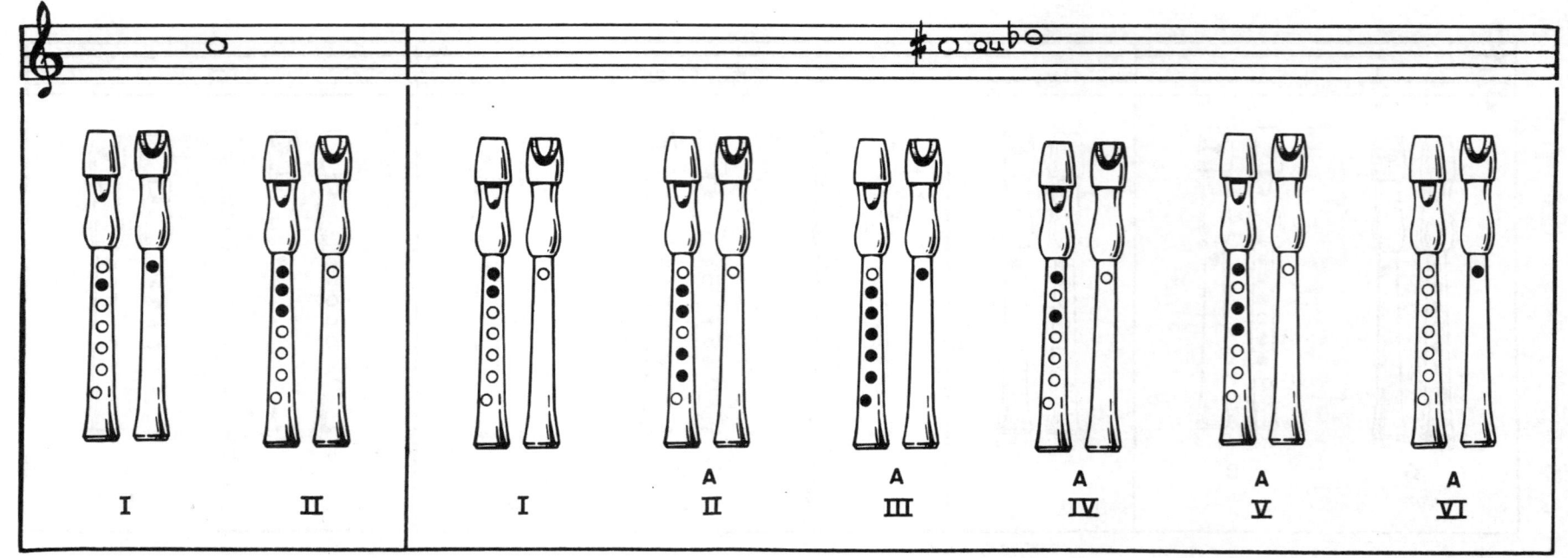

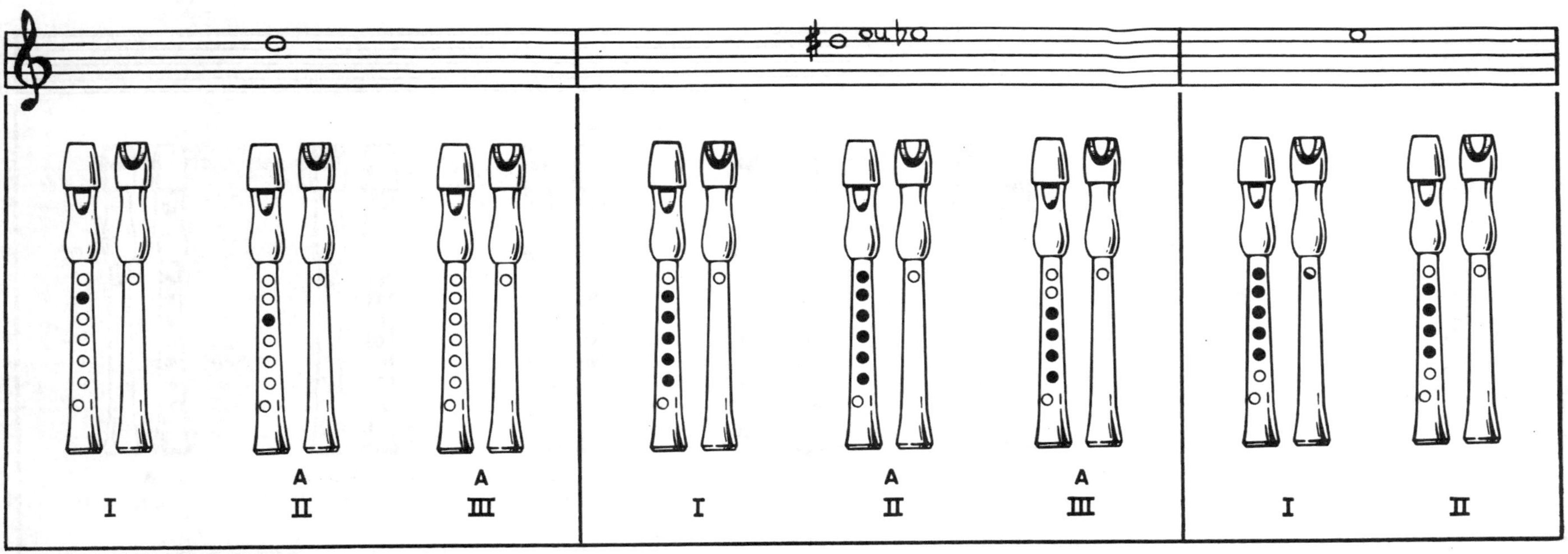
ou
I
A
II
A
III
I
A
II
A
III
I
II

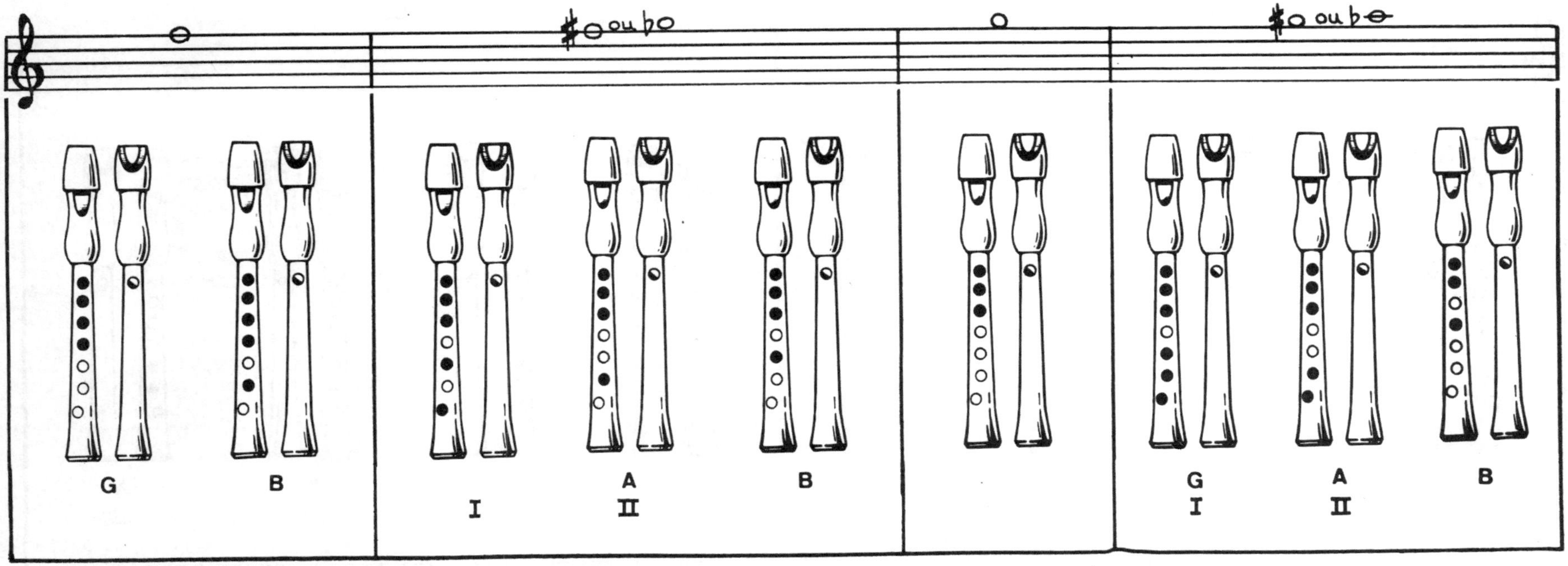
ou
ou
G
B
I
A
II
B
G
I
A
II
B

88

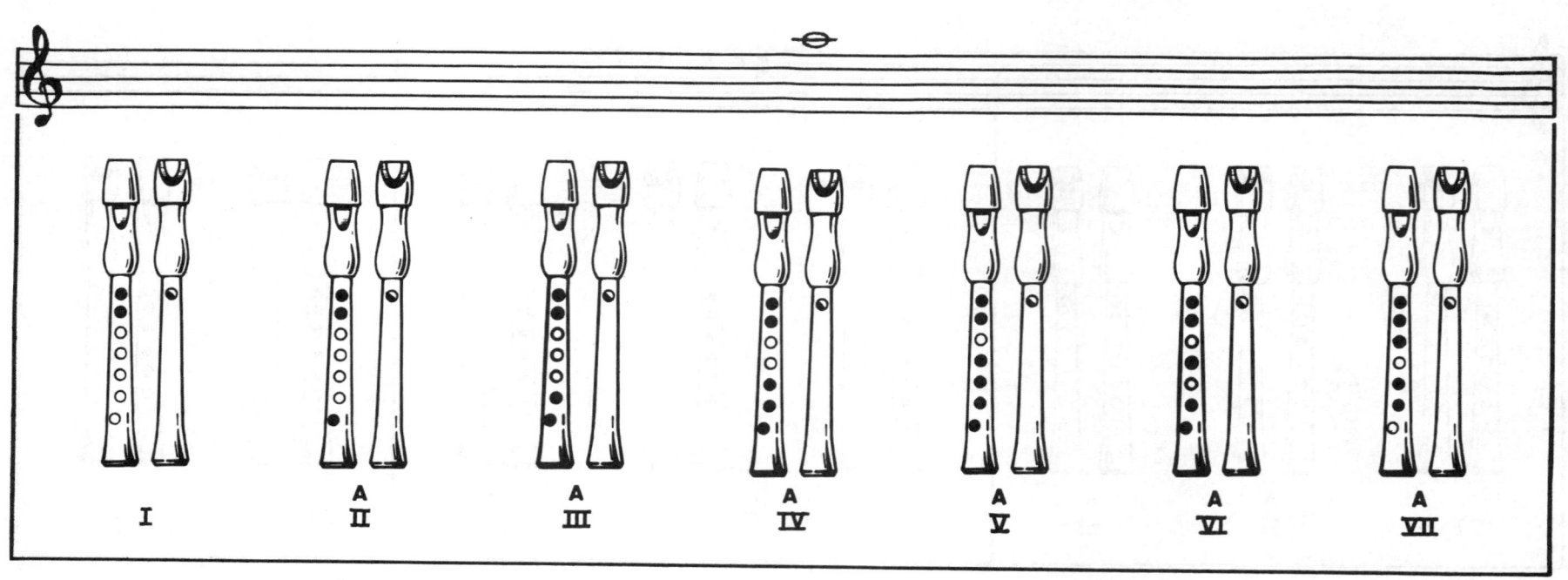

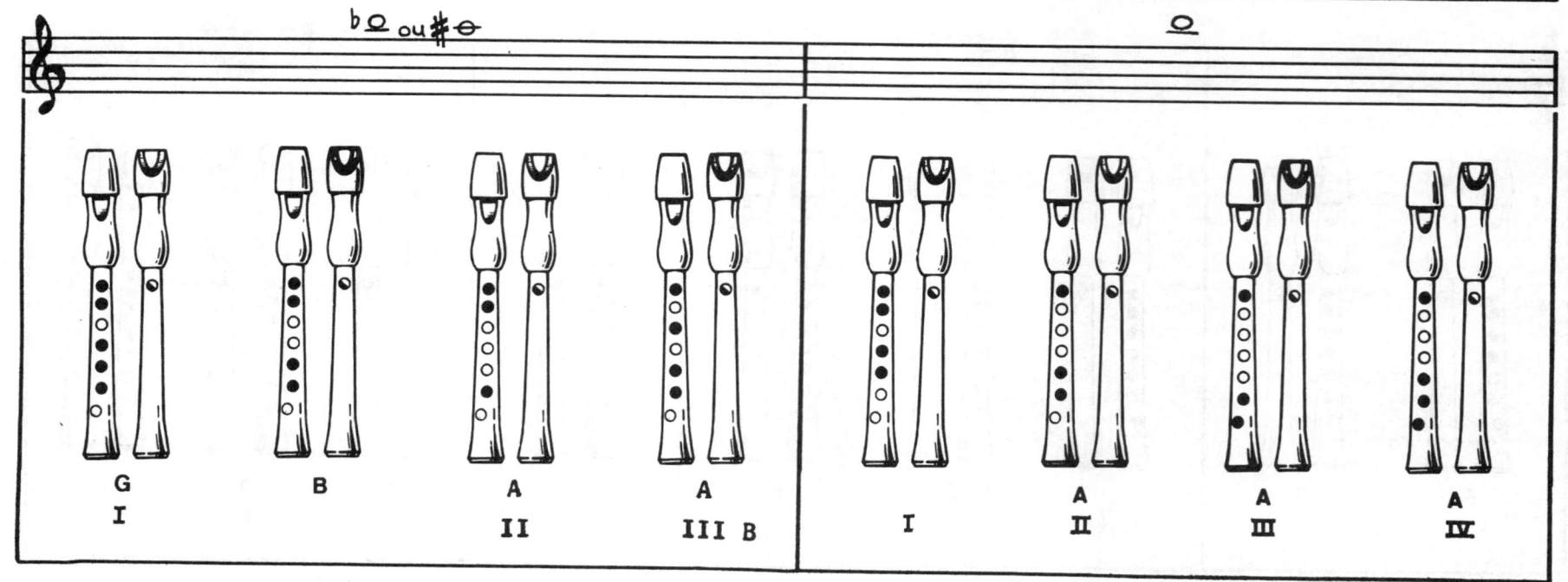

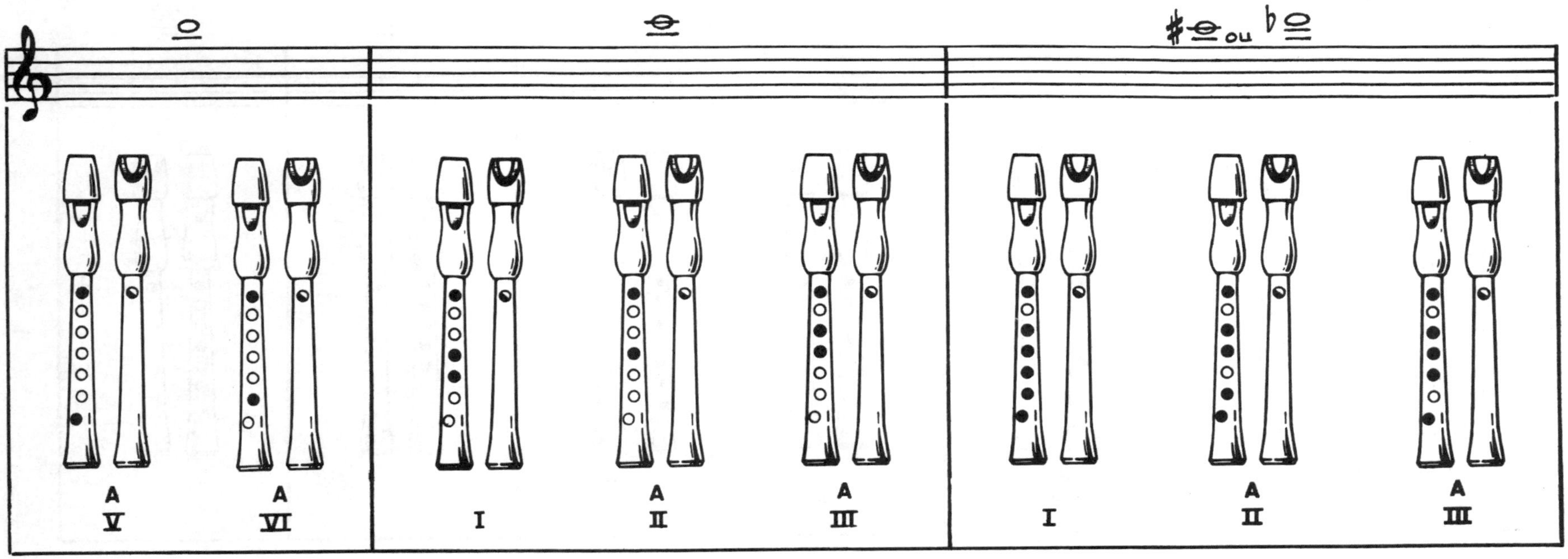
ou
A
V
A
VI
I
A
II
A
III
I
A
II
A
III

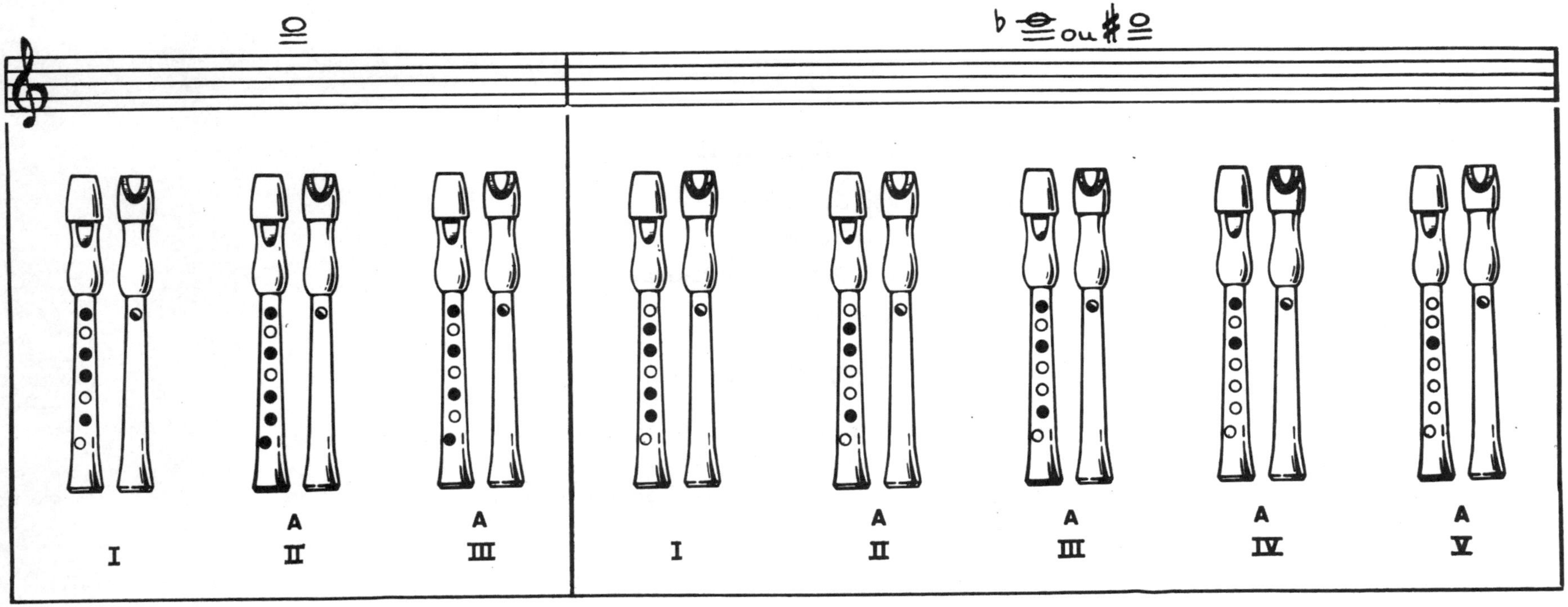
ou
I
A
II
A
III
I
A
II
A
III
A
IV
A
V

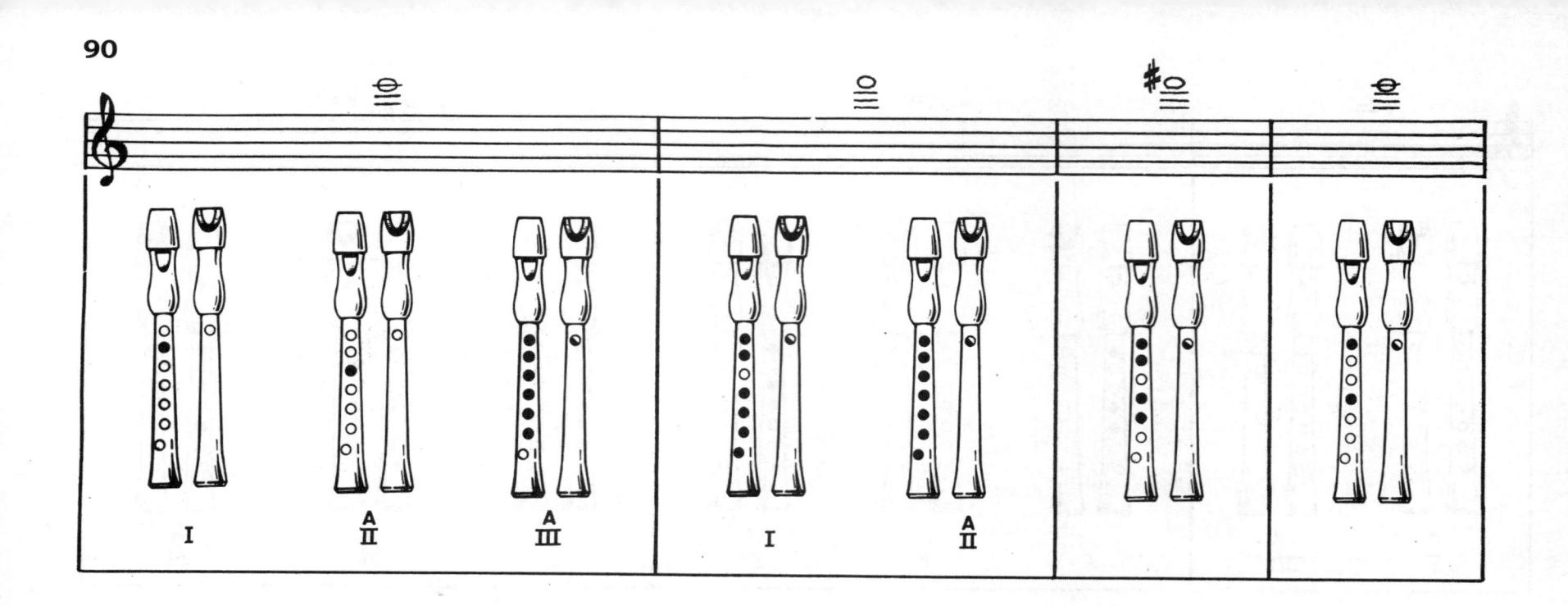

NOTAÇÃO

G = Posição Germânica.

B = Posição Barroca.

GB = Posição Germânica e Barroca.

A = Posição Auxiliar.

ATENÇÃO

Certas posições expostas neste Quadro não são para todos os tipos de Flauta Doce, pois dependem de sua fabricação.

Procure a posição adequada ao seu instrumento, afim de obter o som desejado com perfeita afinação.

TRINADO

TRINADO: — É o ornamento que indica repetição de duas notas, guardando intervalo de 2.ª Maior ou menor da nota real.

O sinal de Trinado é representado pela abreviatura tr e quando abrange duas ou mais notas pelo sinal tr〰〰〰.

Há várias regras para o Trinado:

a) Quando o sinal tr está acima da nota real, começa-se o Trinado com a nota real, alternando com uma 2.ª Maior ou menor superior.

b) Quando o Trinado aparece com uma pequena nota em forma de Apogiatura Breve Superior, antecedendo a nota real, começa-se o Trinado com esta pequena nota.

c) Quando no Trinado a nota superior for alterada, coloca-se a alteração junto ao sinal ou acima da nota real.

ou

TRINADO

No Quadro das Posições para o Trinado, há uma estrelinha (★) indicando o furo em que deverá ser feito o Trinado.

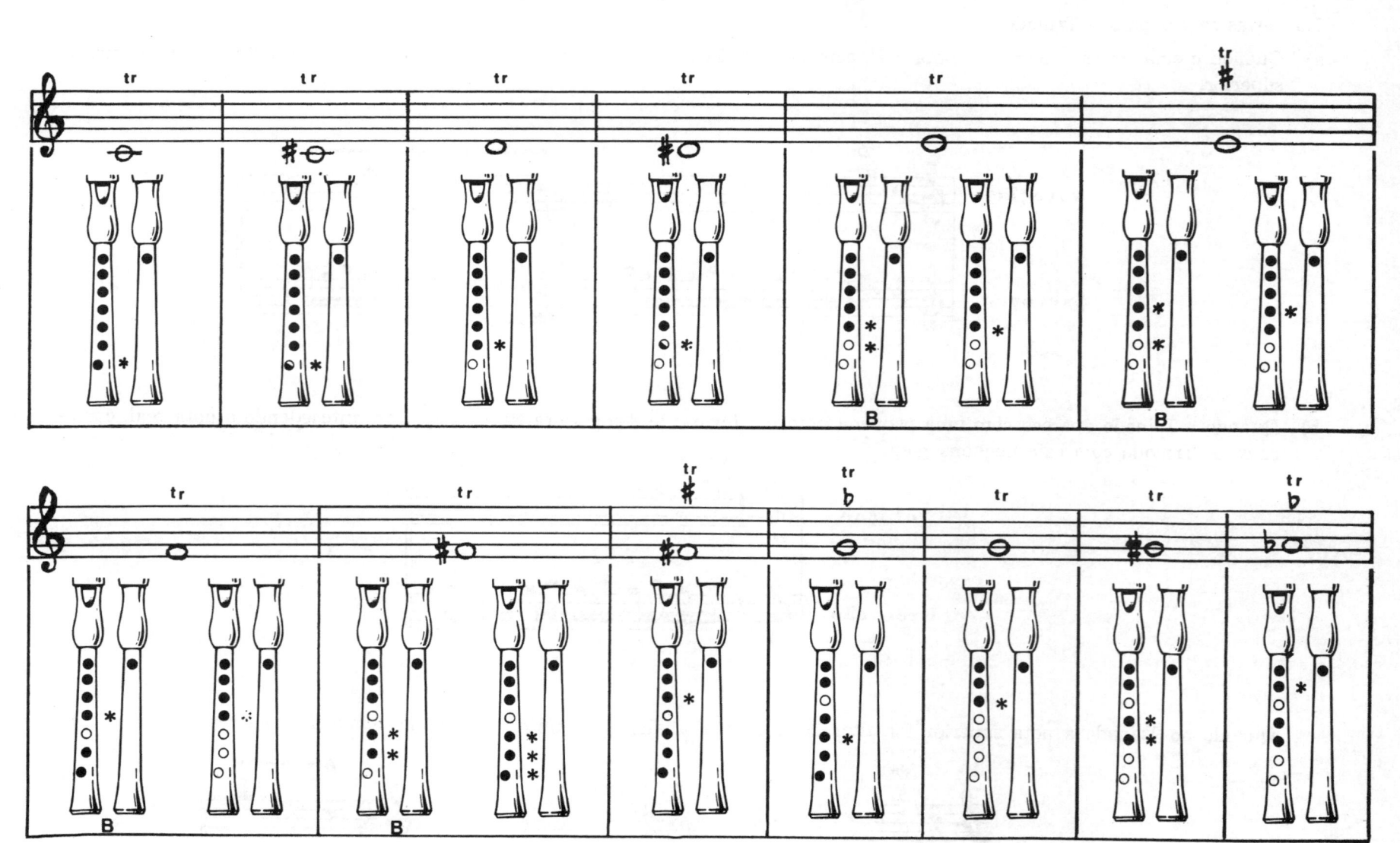

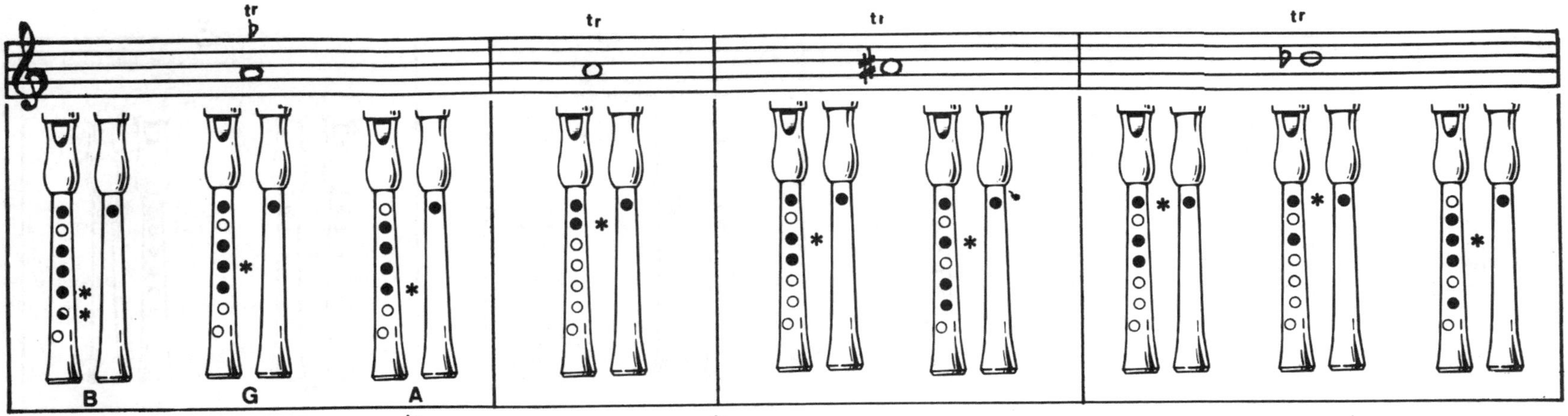
tr
tr
tr
tr
B
G
A

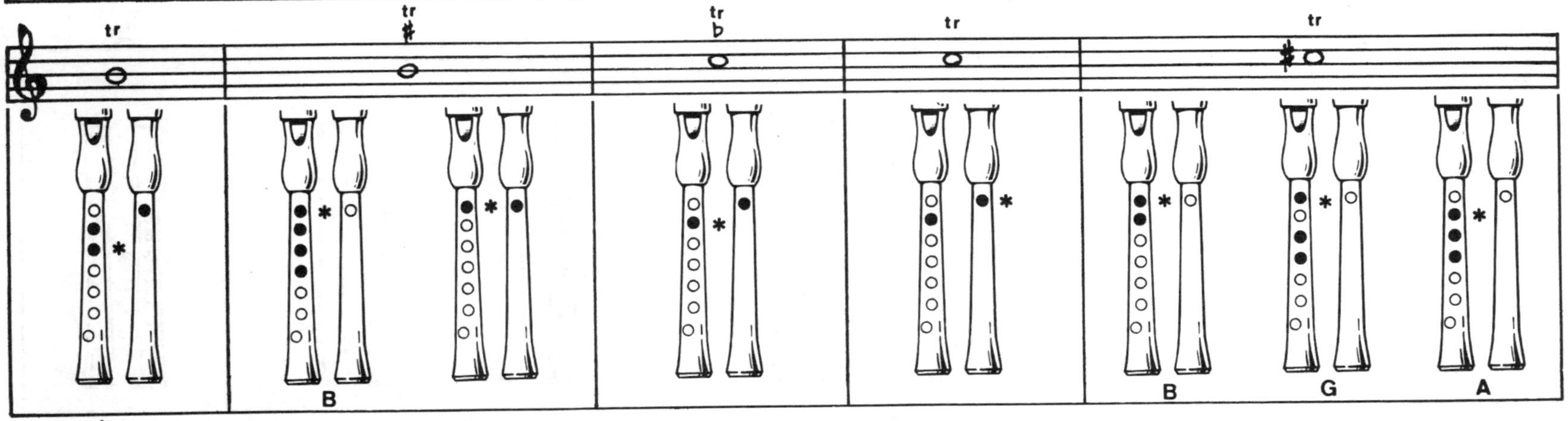
tr
tr
tr
tr
tr
B
B
G
A

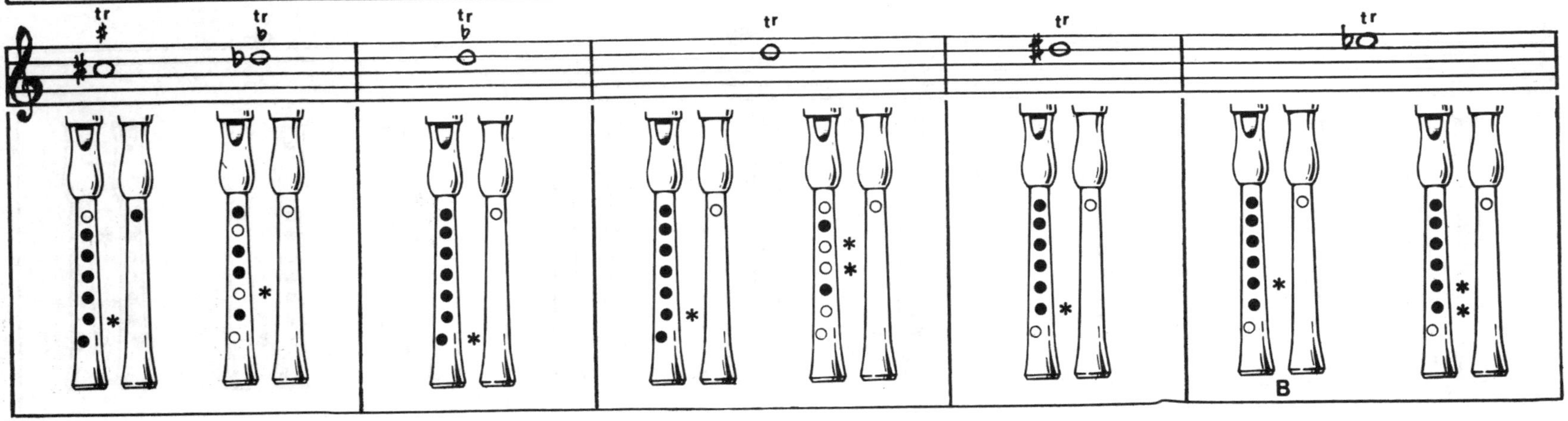
tr
tr
tr
tr
tr
tr
B

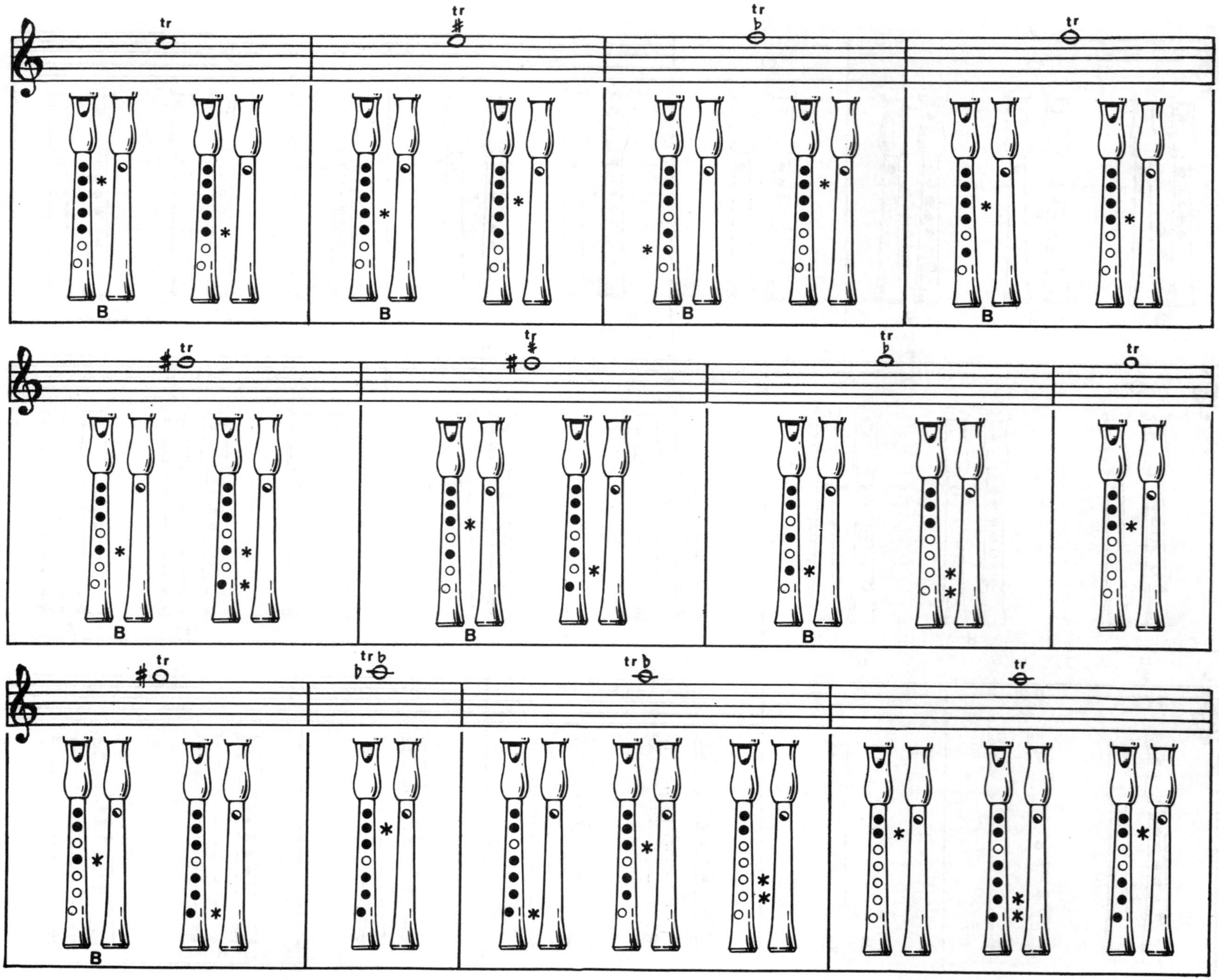
tr
tr
tr
tr
B
B
B
B
tr
tr
tr
tr
B
B
B
tr
tr
tr
tr
B

HOMENAGEM

Ao mui caro amigo M.º JOSÉ PEREIRA DOS SANTOS, conhecedor profundo de todos os instrumentos e também exímio executante de Flauta Doce, verdadeira alma de artista, dedico esta obra pelo grande incentivo que me deu durante a elaboração.

MÁRIO MASCARENHAS

AGRADECIMENTO

Ao excelente professor de Flauta Doce, JORGE FERREIRA DA SILVA, possuidor de um domínio absoluto deste instrumento, executando com maestria todas as peças dos três volumes desta obra, o meu mais sincero agradecimento.

Professor do Centro Educacional Calouste Gulbenkian e da Casa Milton Pianos, tem se apresentado com seus alunos com invulgar sucesso em inúmeros concertos. É um dos maiores incentivadores da Flauta Doce em nosso país.

MÁRIO MASCARENHAS

Dados Internacionais de Catalogação na Publicação (CIP)
(Câmara Brasileira do Livro, SP, Brasil)

Mascarenhas, Mário.
  Minha Doce Flauta Doce : método : 2º Volume
Mário Mascarenhas.   São Paulo :
  Irmãos Vitale

ISBN 85-85188-86-3
ISBN 978-85-85188-86-3

1.Flauta doce 2. Flauta doce - Estudo e ensino I. Título

98-0713   CDD-788.3507

Indices para catálogo sistemático:

1.Flauta doce : Estudo e ensino : Música 788.3507

Na Capa: MÁRIO MASCARENHAS JÚNIOR
    (O PASTOR E A FLAUTA)
  Foto MARCONI
  DESENHOS DAS FLAUTAS — BUTH